Vente du Lundi 5 Décembre 1881,

A DEUX HEURES.

HOTEL DROUOT, SALLE N° 8.

TABLEAUX

MODERNES

EXPOSITIONS

PARTICULIÈRE	PUBLIQUE
Le Samedi 3 Décembre 1881	Le Dimanche 4 Décembre 1881

DE UNE HEURE A CINQ HEURES.

COMMISSAIRE-PRISEUR

Mᵉ PAUL CHEVALLIER, Succʳ de Mᵉ CHARLES PILLET

10, RUE DE LA GRANGE-BATELIÈRE, 10

EXPERT

M. GEORGES PETIT, 7, rue Saint-Georges.

CATALOGUE

DE

TABLEAUX

MODERNES

DONT LA VENTE AURA LIEU

HOTEL DROUOT, SALLE N° 8

LE LUNDI 5 DÉCEMBRE 1881

A DEUX HEURES ET DEMIE

COMMISSAIRE-PRISEUR

Me PAUL CHEVALLIER, Succ^r de Me CHARLES PILLET

10, RUE DE LA GRANGE-BATELIÈRE, 10

EXPERT

M. GEORGES PETIT, 7, rue Saint-Georges.

Chez lesquels se trouve le Catalogue.

EXPOSITIONS

PARTICULIÈRE : LE SAMEDI 3 DÉCEMBRE 1881.

PUBLIQUE : LE DIMANCHE 4 DÉCEMBRE 1881.

De une heure à cinq heures.

CONDITIONS DE LA VENTE

Elle sera faite au comptant.

Les adjudicataires payeront *cinq pour cent* en sus des enchères

Paris. — Imp. PILLET et DUMOULIN, 5, rue des Grands-Augustins.

DÉSIGNATION

BERCHÈRE

1 — *Vue d'Orient.*

Haut., 27 cent.; larg., 35 cent.

BRUNNER-LACOSTE

2 — *Un Coin du cimetière.*

Haut., 40 cent.; larg., 33 cent.

COROT

3 — *Le Chevrier*

Au milieu d'une prairie entourée d'arbres, un chevrier fait allaiter un chevreau.

Plus loin, les eaux d'un lac reflètent le ciel.

Haut., 1 m.; larg., 65 cent.

COROT

4 — *Nilsson.*

Représentée en costume de gitana, elle porte une écharpe rouge sur la tête et tient une mandoline entre ses mains.

Haut., 80 cent.; larg., 58 cent.

COURANT

(MAURICE)

5 — *Rochers au bord de la mer.*

Haut., 46 cent.; larg., 56 cent.

COURBET

6 — *Les Rochers.*

Haut., 71 cent.; larg. 1 m. 06 cent.

COURBET

7 — *Grand Paysage.*

Haut., 72 cent.; larg., 92 cent.

COURBET

8 — *Paysage.*

Haut., 65 cent.; larg., 80 cent.

COURBET

9 — *Plage en Bretagne.*

Haut., 50 cent.; larg., 60 cent.

DAUBIGNY

10 — *Un Chemin à Auvers.*

La route, bordée d'arbres. de maisons et de
toits de chaume au ras du sol, s'enfonce dans le
village. Une paysanne et son enfant vont aux
champs.

Le ciel largement peint est d'un effet magistral.

Haut., 65 cent.; larg., 94 cent.

DAUBIGNY

11 — *L'Étang.*

Haut., 24 cent.; larg., 46 cent.

DECAMPS

12 — *Plage au Tréport.*

(Vente Decamps).

Haut., 16 cent.; larg., 36 cent.

*

DELAMAIN

(PAUL)

13 — *L'Assaut.*

Haut., 65 cent.; larg., 80 cent.

DUEZ

14 — *Jeune femme regardant la Mer.*

Haut., 36 cent.; larg., 56 cent.

DUPRÉ

(JULES)

15 — *Marine.*

Une barque de pêche, soulevée par une mer
tranquille, gagne le large à voiles déployées. Plus
loin, une autre barque traverse une ombre projetée
sur la mer par un nuage sombre.

Haut., 61 cent.; larg., 50 cent.

FERRIER

(GABRIEL)

16 — *La Source.*

Haut., 75 cent.; larg., 39 cent.

FORTUNY

17 — *Une Rue à Tanger.*

Haut., 19 cent.; larg., 13 cent.

FRÈRE

(ÉDOUARD)

18 — *Une Cour de ferme.*

Haut., 55 cent.; larg., 45 cen'.

GUILLEMIN

19 — *Intérieur*.

Haut., 40 cent.; larg., 47 cent.

HUGUET

(V.)

20 — *L'Abreuvoir*.

Haut., 38 cent.; larg., 46 cent.

INNOCENTI

21 — *La Mendiante*.

Haut., 1 m. 45 cent.; larg., 80 cent.

INNOCENTI

22 — *Le Jeune ménage.*

Haut., 30 cent.; larg., 20 cent.

INNOCENTI

23 — *Le Cabaret.*

Haut., 20 cent.; larg., 32 cent.

INNOCENTI

24 — *Les Amateurs.*

Haut., 32 cent.; larg., 40 cent.

JADIN

25 — *Le Relai.*

Haut., 1 m. 25 cent.; larg. 1 m. 85 cent.

JAPY

26 — *La Clairière.*

Haut., 73 cent.; larg., 60 cent.

LE BLANT

27 — *Voltigeur en faction.*

Haut., 32 cent.; larg., 25 cent.

LE BLANT

28 — *Grenadier l'arme au pied.*

Haut., 32 cent. ; larg., 22 cent.

MADOU

29 — *Le Fumeur*.

Il est assis près d'une table sur laquelle est un réchaud où, de la main gauche, il allume une longue pipe. De la main droite, il maintient sur son genou une gazette ouverte.

Haut., 28 cent.; larg., 21 cent.

MILLET

(J.-F.)

30 — *Les Lavandières*.

Au pied d'un talus de gazon, coule un ruisseau
au bord duquel trois femmes sont occupées à laver
du linge. Celle du milieu lève le battoir. Près
d'elles un tréteau improvisé reçoit le linge mouillé.

Au sommet du talus, quelques oies descendent
effarées.

Haut., 38 cent.; larg., 54 cent.

MILLET

(J.-F.)

31 — *Tentation de saint Antoine.*

Haut., 16 cent.; larg., 22 cent.

MOREAU

(GUSTAVE)

32 — *Sapho.*

Haut., 32 cent., larg., 20 cent.

MOUCHOT

(L.)

33 — *Plage d'Italie.*

Haut., 50 cent.; larg., 72 cent.

PELOUSE

34 — *Intérieur de Ferme.*

Haut. 56 cent.; larg., 46 cent.

ROUSSEAU

(PHILIPPE)

35 — *Fruits.*

Haut., 49 cent.; larg., 60 cent.

ROUSSEAU

(PHILIPPE)

36 — Gibier.

Haut., 40 cent., larg., 60 cent.

ROUSSEAU

(PHILIPPE).

37 — Les Lapins.

Haut., 38 cent. larg., 54 cent.

SCHREYER

38 — *L'Attelage embourbé*

Dans une plaine toute dénudée et boueuse, un chariot est arrêté, les roues enfoncées dans le sol. Son conducteur est debout sur l'avant-train et, regardant en arrière, semble attendre quelque secours.

Haut., 1 m. 20 cent. ; larg., 1 m. 95 cent.

STEVENS

(A.)

39 — *Tête de femme.*

Haut., 55 cent.; larg., 45 cent.

TASSAËRT

40 — *Scène de famille*

Haut., 41 cent.; larg., 32 cent.

VEYRASSAT

41 — *La Rentrée de la moisson.*

Haut., 29 cent.; larg., 41 cent.

VIOLLET-LE-DUC

42 — *Ruines du Mont Guyon.*

Salon de 1880.

Haut., 1 m. 55; larg., 1 m.

VOLLON

43 — *La Seine à Poissy.*

Haut., 34 cent.; larg., 46 cent.

ZIEM

44 — *La Baie de Naples.*

Au pied du Vésuve, apparaît la ville noyée
dans le fin brouillard du matin. Sur la berge,
au premier plan, de nombreux pêcheurs sont
occupés à tendre leurs filets. Le soleil éclaire
toute la baie d'une lumière magique.

Haut., 82 cent.; larg., 1 m. 27 cent.